No sabe la semilla de qué mano ha caído

COLECCIÓN LENGUA DE AGUA · 8

No sabe la semilla de qué mano ha caído

Luci Romero

Prólogo de Lola Andrés

eolas
ediciones

Decía Walter Benjamin que la lengua no es nunca sólo comunicación de lo comunicable, sino también símbolo de lo no comunicable. El lenguaje poético, símbolo de un intento, de aquello que, a menudo, no sabe qué está diciendo, posee esa porción suya de ocultación cognoscitiva pero sumida, en parte, dentro un lugar no consciente. La poesía se alza aquí, en el sigilo de un significado que se adhiere a un significante que el uso habitual no contempla; también se contrae en un artificio de diminuta verdad que salta como un anuro y que no acabamos de descifrar de dónde ha salido. Probablemente, en este regurgitar un lenguaje no ortodoxo radica su alumbramiento —o deslumbramiento—. Cada palabra utilizada va construyendo una estructura única, cada una de ellas arrastra un paisaje y una sonoridad que reanimarán esa gestualidad genésico-musical que, en alguna medida, es el poema.

Cuando el cuerpo, todo el cuerpo, inicia la lectura de un libro de poesía, no salvaguarda nada, antes bien inicia un quehacer demandado por parajes extraños y despreocupados por el devenir. Y quien la escribe urde un conjuro que unifica presente, memoria y deseo: los tiempos se reúnen, se abaten en el verbo para dialogar en el discurso poético.

Dejar caer, soltar, tal vez sea un gesto al que la palabra es llamada. *No sabe la semilla de qué mano ha caído*, de Luci Romero, desciende hasta un tuétano —tierra y lenguaje— y aúna las reverberaciones del tiempo en su ir, ser y venir. El título, préstamo de un verso de Rosario Castellanos, principia la incertidumbre: no saber. Y la semilla, que cae; y la mano, que deja caer.

Cinco poemas introducen este libro, a los que siguen tres grandes partes —El tiempo de la quema, La siembra y La semilla, la mano, la siembra— formando un cuerpo rotundo de germinación lingüística y evocación:

Allí donde nada se recuerda
cae la semilla
y la siembra remueve y germina.

La «otredad» —ese concepto que Mijaíl Bajtín utilizó en sus reflexiones— podría edificar uno de los pilares de la poeta si lo tomamos desde esa necesidad redundante en el uso de la primera persona en singular y en plural. En esta alternancia invita al lector a identificarse en la/su colectividad; también lo sumerge y lo inmiscuye en el paisaje, en el pueblo, en la familia, en la infancia o en el mundo de las mujeres en el que la poeta rastrea el suyo, su mundo. Y, como en esta duplicidad, la aparición de la cursiva da paso a otra voz, que de vez en cuando interviene, desdoblada del yo o apelando a sí misma o al lector: ¿ahora me oyes?
Este uso alterno del tiempo —pasado y presente, sobre todo— genera una atmósfera densa, carnal: *[...], vine / a*

darle un sorbo al lenguaje de la carne. Arrasados los antes, lo por venir prepara su gestación. El cuerpo, su letra en carne, dispone la simiente: el lenguaje tamiza el peso que cargan las costillas. Los tiempos del *hubo* hienden escozor. Luci Romero recompone el significado de la infinitud de tiempos; desahucia el flujo vital de la absurda linealidad y aborda confluencias entre *aquello* y *esto.*

Un tiempo de reposo hay en el que los árboles dormitan entre el frío y la paciencia —ese freno del ímpetu que ha de conceder el fruto—. Hay un tiempo de poda: mutilar el exceso del peso de lo hecho. Hay un tiempo de abandono de una tierra exhausta —la ceniza aportará nutrientes que volverán a ella tras un periodo de regeneración—. Un tiempo de la quema, del cambio, del augurio de otra venidera abundancia. Un tiempo de vastedad ardido —porque otro ha de iniciarse para poder decirse—: *Qué recuerdas si ni siquiera eras presencia.* Un tiempo, al cabo, en el que la infancia, la madre —las madres— son un centro que, dolorido, devuelve a la poeta el sentido medular de la escritura —las citas de las poetas que abren los poemas son significativas—:

> *En ellas he buscado mi luz humilde,*
> *sus voces generosas*

Oímos en los versos de la poeta que *es rojizo el color de la memoria.* Si roja es la tierra, se enrojece también el verbo que sembró la sangre: *buscar en mi sangre el río que remonta mis orígenes.* Ir hasta allí donde hubo trigo y amor, donde la infancia transpira y deja bocanadas de madres.

Poder oírlas como se oye la pulpa de la tierra. Escuchar y recordar la escritura de la calcinación. Las mujeres remiendan las roturas, rasgan otras; reconstruyen cosechas y siembran alacenas de sabiduría. La madre que palpa, temblando, un futuro cansado dejando caer el útero que engulle la palabra y la revienta:

El útero
vigila y engulle todo el aire caliente.
No extirpa el poema,
pues nace abrazado al vocablo.
Labro un canto

Por otra parte —aunque atendiendo a lo mismo—, el fuego opera como un iniciador en su acabarse. *Esta boca incendiada*, dice Luci Romero: esos músculos del lenguaje que la poeta incinera al decir. Los versos escuecen; leves quemaduras transitan por los poemas. Y si hay que retroceder —parece que nos diga—, si hay que proyectar deseos, antes hay que mirar el pequeño y alterado fogonazo de la memoria en que empezó todo, cuando el padre acota el gesto y le trae ahora su mano en la mano de la niña que suelta la simiente:

y yo le preguntaba a padre si era cansancio o rencor
lo que dejaba los ojos distantes y carcomidos,
o sería la falta de lluvia, me dijo mientras su mano
rodeaba mi cuello, entonces, solo entonces,
dejé caer la semilla de mi mano

La tierra-palabra se convierte en la carne que se escucha, y para ello la poeta ajusta un ritmo paralelo a la siembra: observa —se observa—, habla —se habla— y espera. Lo arrasado se encoge, la semilla está sola, pero germinará:

ahora sabemos que todo lo que nace,
empieza.

Algo está por venir: esa quema que arrasa, que limpia y que se necesita a sí misma para su no extinguirse es la cueva donde el reflejo resulta verdad. ¿Dónde hunde Luci Romero un germen, un principio de brote? Estos poemas cavan hacia las nubes porque lo hondo eleva su reseca costra.

Lo venidero —*buscar la verdad de nuestros nombres,* esa *ciénaga de canto dulce*— es el lecho del presente, aquello que ahora habita en estos versos, abundantes por lo que se espera, tumultuosos por el portentoso crujido que se escucha. Poemas que se parten el hueso: rota la médula, habrá que soldar azares.

LOLA ANDRÉS

No sabe la semilla de qué mano ha caído

a mis padres, mi tía Luci y mi hermana,
los artífices de la siembra

No sabe la semilla de qué mano ha caído.
Allá donde se pudre
nada recuerda y no presiente nada.

ROSARIO CASTELLANOS

1.

Volver al desierto. Destejerlo y encontrar un oasis en sus
bordes.
Allí donde nada se recuerda
cae la semilla
y la siembra remueve y germina.
Reiniciar la vida, que es esa cierta hermosura sostenida.
Porque la semilla no sabe de qué mano ha caído.

2.

Compartir un desastre, arrullar un dolor que no
    retrocede,
        asida a la rabia
        del que a veces se sabe fuera de lugar.
Fui una noche entera. Y desbrocé lámina a lámina
        las capas de la tierra. Pretendía armar un
        libro. O un buque.
        Amar la crueldad y el destello de paciencia
        en la tiniebla.

Nunca
estuve
en la hora osada que alzó los cuerpos en despedida.
El pudor como soporte de la angustia
ralentizó mis pasos.
Ser el éxodo, el hielo sordo,
buscar en mi sangre el río que remonta mis orígenes.

3.

Nacemos, y nadie nos pregunta por qué o si realmente
queremos.

Nací enferma
antes incluso
del tránsito que debilitó mi sangre.

4.

Nunca existió en aquella marisma
                                    muesca
que derrotara tu lenguaje,
sobornamos lo poco que nos quedó
—pálidos los labios y su estructura—,
nunca imaginamos
una gramática vacía, digna heredera de tu vacuidad.
Acepté la belleza en lo ralentizado del discurso,
brotaban cuervos de mi retina
mientras alimentaba con mi seno
como un pájaro destrozado
que no garantiza que nada
o todo sea transformado. Y ya no es el clima,
son los jardines que expanden sus brotes y arboledas.
Somos lindes desgastadas,
                              piso la grava
y todo me parece un error.

5.

El lenguaje nos da miedo, transformar lo escrito pensado
en viento o niebla
encoge músculos y quiebra
huesos que son penumbra.

Deducir nos asusta.

Deslumbra recobrar el lenguaje que el hombre olvida

El tiempo de la quema

He tratado de mantener al mundo a distancia. Ha sido fácil. Estoy acostumbrada a mantener el mundo a distancia. Soy forastera. Como mejor me encuentro es siendo forastera. De esa manera me olvido del mundo. De esa manera no lloro ni me encolerizo más. De esa manera el mundo se vuelve blanco e indiferente.

INGER CHRISTENSEN

6.

convirtiendo dolores en harinas

Francisca Aguirre

Salvaje como esa ausencia que ya no podrás palpar.
Tacto,
así creció esto,
        dentro, esa ansia de lenguaje, de reconocerse.

Porque el miedo
no solo es a lo tangible, también tiene
la capacidad del arraigo y entre residuos y fragmentos,
        alguien dispone
nuestras almas tibias, las baña y las justifica,
arropándolas,
mientras la claridad derriba la figura
        —la mía—,
asida a la promesa tierna de la espiga.

Yo estaba allí, perdiendo dimensión, *convirtiendo mis
    dolores en harinas,*
Nadie me vio arrastrar
los costales en mi espalda, crujía el hueso marcaba el paso
respiración cosida al golpe seco de mi carga.

Cruel la belleza que transita en el trigo, soledad somete.

7.

¿Quién recogerá todo lo que una mujer escribe?

MARÍA SÁNCHEZ

Limpiar la tierra antes de su cultivo,
  lo tuve que aprender
que vendrían tiempos de tormenta
que no podríamos cantar en la calle.
Con la textura de miedo antiguo
se lamentan aquellos que llegaron tarde a sus quehaceres
  que viven de síntomas heredados;
pero nosotras, mujeres cóncavas y exactas
encintas de música constante, venimos
a reclamar nuestro lenguaje, donde el lugar de la herida
  ahora los pájaros dibujan todas esas cosas:
marcan el camino de la siembra, no morada humana.

8.

¿y la felicidad?
¿existe como estatuto en algún lado?

MARIA NEGRONI

Soy animal adormecido,
voz pausada que enciende la trama, la forma de buscar,
de construir el espacio privado.
Soy quien extingue el tiempo de la quema;

por qué

preguntas por mis nombres si caminas hacia las ruinas del
    castillo.

Soy la que siega los cultivos y abraza tu garganta
ante el árbol que no sana.

Destruyeron las calzadas, los senderos quedaron
    arrasados
y los cánticos
como nanas que adormecen ,
a los testigos de la desaparición de las aves, de los astros.

Duele
la raíz bajo la tierra.

Que no pese vivir o amar. Que mi boca de cereal madure.
    Que el animal,
ahora,
tallo de belleza cruel, sea mujer con flechas y dardos
que broten de sus manos.

Revuelo en la mañana.

9.

Buceo en lo que fluye
y en lo que aguarda quieto

IDA VITALE

*

La niña siembra sus tardes en la mecedora,
en voz alta recita al mochuelo que maúlla
    mece lluvias
como historias que arraigan en su bosque.
En sus plegarias que es jugar a ser
desbroza ovillos,
        balancea
        ojos
        cerrados,
y el susurro que es víspera de nacimiento.

**

En invierno aprendió a leer, en el trajín de lunas
ojos que son aguafuertes
y las palabras nidos de la naturaleza,
        ella mece-se-mece.
Aborda tareas, que son malestar en escenarios de papel
de esa niña que recuerda el esfuerzo desmentido,
el rubor, la bofetada.
        ¿Qué recuerdas si ni siquiera eras presencia?

***

Eras rastro de infancia y lo terrible había sucedido:
nunca os diré que sí, nunca hablaré
si no aprendéis a mirarme desde el entusiasmo
como al pájaro experto en la grieta de la corteza
que aguza el oído.
Ella se dilataba en sus estaciones,
la soledad
traía un mutismo vegetal, *bosque atravesado.*
No puedes hablar,
                            decían.

10.

Me esforcé tanto
por aprender a leer
en mi llanto.

ALEJANDRA PIZARNIK

hablasteis del tiempo salpicado de errores,
del color de mi voz
pero soy la mujer que murió con el vestido limpio.

batir todo lo difícil, que sea sencillo lo común

y como la multitud que acude a las brasas, al nuevo
     imperio,
irrumpisteis en mi claridad
matizando recuerdos   no dejé atrás la quietud
                             ni los cipreses de los mártires,
                                  aguanieve
y hacer bello lo constante

¿qué vais a decir? ¿qué haréis?
seré ofrenda en una región sin montañas, en una ciudad
sin túneles o sendas acristaladas
pero vine a entregarme
como la tierra yerma a vuestro universo fragmentado

¿dónde me llevará esta escritura?

estamos tan heridas

11.

La perfecta soledad
de un lagarto sobre la piedra caliente
me impide soñar.
De tal forma un latido desbasta la piedra.

Menchu Gutiérrez

También nuestras madres
buscaron, en los veranos que descendían
entre venas y espalda,
la memoria que va germinando el futuro
porque se les quebró la rutina demasiado pronto.

Ellas, o las madres antiguas sin simiente,
se balanceaban entre épocas inciertas
en un regazo tardío.
En ellas he buscado mi luz humilde,
sus voces generosas
como quien busca el tallo que se enreda
en un tiempo postergado.

12.

Y crezco
vegetal
desde la dermis al vello más
oscuro donde duermen los mundos.

JUANA CASTRO

no hay rastro del fuego al que nos dirigíamos   afuera   en
    la tarde
tras la tormenta   vamos a arar el campo   en el extraño
resplandor del invierno   no hay niños ni niñas en los
    caminos
no en las sierras ni en las colinas   no recordar el crujido
    ni la tierra rígida
entonces la noche   hundir la mano   regar la siembra
    acariciando
tu olivácea piel   y solo los astros vienen a superarnos

13.

guiados por el viento que no falla
abriendo el campo a gritos por la ingle

Luz Pichel

La voz de quienes temen que un día no haya nada
suena al final de los bancales.
Su mano izquierda tiembla pero aún así
        arrastra lo que será el sustento
de un día evaporado entre las costras adosadas a su
        cuerpo.
Nunca fue doblegada,
ni olivos ni ramas muertas   *¿ahora me oyes?*
Ella oscila,
arropando sus manos entumecidas por el trabajo.
Las venas, quebrados los huesos de los dedos,
el suspiro de vida gastada
que martillea al amanecer en cada sien
no doblega
el espíritu de danza.

Susurra un canto de mediodía mientras decrece la tarde,
arrastra los aperos
deja

que los salmos terminen su trabajo.

14.

Me iré hacia ti como un espacio que vive en el exilio de
  su cuerpo

FATENA AL-GURRA

A veces creo que tengo en mis manos la ternura del que
  observa
y se aprieta las manos en señal de condena
o resignación.

La broza arde sin los cuerpos.

En ocasiones, extraigo formas de trepar ante la ingrávida
  constancia
    y solicito desdecir,
    escuchando el pulso
del surco que grita y del lenguaje
que arrastra mi verbo
al aclamar tu secano. Que es el mío, prolongado.

15.

Gritar: tan solo un accidente
una arruga en el aire.

JULIA UCEDA

Entre los costales
que sostienen mi cuerpo se escapa un sollozo.
                                        El útero
vigila y engulle todo el aire caliente.
                                No extirpa el poema,
pues nace abrazado al vocablo.
                                Labro un canto
y hace que nuestros nombres signifiquen ideas que no
        tenemos,
dime dónde mis palabras aguardan
como partículas que suman silencios, así mi voz corona
        vulnerable cima.

Vengo como mujer silenciosa, caminando
entre fragmentos de gritos y muertes residuales
y yo quiero hablar de una mujer que teje entre las costillas,
                        deja que broten
los lirios o las adelfas que un día planté en mi patio.
De esta forma,
si soy grito seré
                el que astillado

se arroje embellecido   ahora   a buscar
la verdad de nuestros nombres.

16.

con las tripas llenas de amor y vacía,
haciendo girar mi desfile sin fin

ANNE SEXTON

Aterra hablar de lo que no divierte, de ese cuerpo que se
    eriza
mientras tú dormitas.

Yo llenaba la casa de animales, tocaba mi pecho,
anudaba el vientre harto de esperar.

Mi garganta quema, mi mano arrastra dudas y deberes.
                                    Y los animales,
                                            rascan

la madera,

ausentes de modales.

17.

...encontrarme, saberme,
llegar a las montañas que siempre estaban lejos

MARÍA BENEYTO

Tengo asida a la espalda el tejido de una vida demasiado
distraída,
hendí mis dedos en la densa risa que era sollozo,
recuérdalo.
Siento vergüenza por un sexo que no nace en el oído,
que llegará el día
en el que amase la mano que se resiste, aunque ya no
importará.

Será un día de tantos.
Y bajaré,
con la boca incendiada
por una cosecha vacía y sabiéndome extraña en este día
terco en todo lo pensable.
Pero será uno más de tantos, de esos
que arrancan en la falda de un monte
donde me bebí despacio, a la sombra de riscos y
arboledas,   entonces supe
que mis hijos, envueltos en niebla,
                    vendrían de las montañas.

18.

Mi carne la doraron soles más antiguos.

PINO BETANCOUR

Siguen ahí,
las espigas cortadas, las manos
que establecen el tiempo de siega y yo no soy de esta
tierra, hago mía
la genealogía establecida, vine
a darle un sorbo al lenguaje de la carne.

Enturbié enseñanzas
que ahora sí, adolecen de un frío estancado en la albufera.
Una garza
y la silueta de quien tiembla por primera vez,
ante la imagen del violento, del distraído nido solitario.

Así, balbuceo al aire
que vine, hace una década, a limpiar mi cuerpo
a tejerlo bajo otros soles,
aunque daría lo mismo. Otras manos
vendrán y establecerán otros templos y otros quejidos
para adornar el tiempo de la siega

porque ya no pensamos con palabras,
carne
que todo lo confunde.

19.

La espera hueca. El deseo estúpido

MARY JO BANG

las islas se alejaron, las montañas no estaban por ninguna
    parte
quedaba el olivo
lejos de los caminos anchos abrazado por los surcos en su
    corteza,
grullas migratorias
y las palabras que vuelan de una boca a otra

quedó el olivo,
su ritmo en la conciencia del paisaje se hizo nuestro
crear y ahondar
donde no había nada, apenas una comunidad humana
la nuestra, que ahora se siente y manifiesta en proceso

queda el trenzado nudoso asido a las ramas, mi cintura
lista para absorber las lluvias invocadas por el profeta

20.

Cuando la vida venga a pedirte
que sacrifiques tu piel
y tu vacío,

búscame en la distancia.

SARA HERRERA PERALTA

Dejo en la tiniebla aquello que necesita propagarse en
  silencio.
Azul lirio, venas
en transición. Sobrevivir
aquí, invoco la luz que ya no eres.

El aire quieto del verano.

La siembra

21.

La montaña se reorganiza en este día
sin importar el color del valle
y los adjetivos, ya no serán necesarios.

Con los pulmones
plenos de nidos te invito a habitar
este temblor de metales,
ahora puedo decir que la vida, sintiéndose,
era aquello,
refugio de solar disposición.
Y ahora puedo hablar, sin el nudo del error en el lenguaje,
sin el léxico descompensado.

Crear no será fácil.

22.

Se merecía la rama y su verdoso brote
y danzar de orilla a orilla, era
      inocente
el nombre como única palabra.

                        La risa fértil
que invadía lo que no podía contener en sus entrañas.
Sostenidas en su regazo,
las manos emergían
     como bloques
para contener la corriente del río.

Remontar las aguas,
para alcanzar el origen que ya no se espera.

Ahora, sus brazos
y
la danza
sedienta
como el mar al que se aboca,
esa agua ya no será
labios que tocan orillas

y

arrancan los guijarros de su fondo.

23.

he llegado hasta esta senda   con mi lenguaje
     encerrado
en aquella hora devastada que palpa la epidemia y avanza
     hacia ellos
condenados a rascar memoria   invierno que tocas y
     despojas,
sol de ventana distraída que gestó el uso de la vida y sus
     costumbres
y arrancando raíz y temblor   instauraste cierta belleza
     dormida
aquellos días fueron y yo fui y nada ya;

y en singular nos referimos al verbo y sostiene
la luz un contarnos todo   un susurro en horizontal
y la boca, al fondo, plétora de algas y sal marina;

y se celebra el día   la garganta y escuece

24.

Supimos que era privilegio de otros
caminar por donde ahora
florecen árboles de otro siglo,
geranios abiertos bajo los quicios de las ventanas
   en aquella casa,
donde las puertas golpean un asilo de penumbra.
La herrumbre en los cerrojos
   asalta,
como punzada en el ojo
los días no vistos,
el olor a jazmín y aceitunas embalsamadas en aliños,
   todo está bien así.

                                            La vida
se estira y algodona en este patio.
Todo está bien. Y arranco la cal
que ya no es tangible.
Me detengo en el zaguán
y me recuerdas
que llega la asfixia,
      óxido
en los cerrojos

y ya no se oyen los pájaros,
simplemente eco y la sombra violácea
que desciende de aquellos muros,
por aquel patio donde ahora no germinan
lo que a ella sangre era, verdor de transición
o un guiso recién servido,
                              todo está bien.

Ahora sabemos que todo lo que nace,
    empieza.

25.

estaba el porvenir,
aquello
que quisieron vendernos a ciegas como una falda de tela
    raída,
mordida, en sus bordes,
por las manos   que aguardan
con tan poca fortuna, rascando hilos que sobran.

escarba,
no lo dudes,
bajo la falda,
tras el sudor que empapa la blusa

allí donde el pueblo deja de observarte, donde   el
    verde es fuga
huele a intención precisa,
a perfil gastado que entristece el paisaje.
no queda retina en blanco que mitigue la melancolía de la
    búsqueda.

de este lado, el camino es el mismo y la falda sigue siendo
    vieja,

y tú estás hambrienta
y limpias el espacio donde llorar a los muertos,
donde las manos sudan.

hace recuento con los ojos mientras la mano ya no aprieta
la falda,
deja caer las hojas de laurel.

allí permanecían los helechos y sus esporas
y respirábamos nombres que derribarían
lo único que quedaba de aquella casa
porque las casas existen, dijiste
y los perros y sus sombras

mirabas tras los visillos cómo aquellos niños
escribían con lascas su futuro en las paredes;
aquellos días de junio, aquellos días de hambre
y de luz glacial, escarabajos reposados en la frente, dijiste
y de gorriones, *de gorriones muertos*

con un poco de suerte, aquella noche de junio,
la verbena habría acabado pronto y los pasos,
el olor a jazmín, la semejanza en todo,
en las plegarias fragmentadas de la noche azul, dijiste
y no querías regresar por el mismo camino, no, eso nunca
    lo dijiste

en alguna parte el olor a membrillo roza mi lengua,
sigues estando en esa cocina donde siempre has estado
y siguen llamando a la puerta, dijiste, a una casa
ahora sin ventanas, sin tejado, sin patio, una puerta

27.

la flor helada
dejó marca en mi rostro, la brizna   que erizó
mientras el instinto consciente se congela

la parte que grita y la que sostiene

la luz, filtra el miedo
nos deja ausentes y malheridos,
tramar formas de volver

28.

nos sentimos prestados mientras nuestras mejillas rozan
    lugares estériles,
    nos preguntamos qué fue
de aquella agonía que hacía temblar mi ojo derecho

pero
arrullar a pesar de la torpeza
mientras lacerabas el aire,
intercambiabas monedas o amarrabas
    las virtudes bendecidas en selvas secas.

cuidar la maravilla que brota en lo más alto de la
    montaña,
rezar en día
y vigilia
y quizá noche que mesura lo que damos y quitamos.
ser bosque en los arrecifes y doblar la mano
mientras tumbas un cuerpo herido,

la ternura es una ciénaga de canto dulce

29.

la estación ha virado, ahora
cuerpos que se deslizan hacia el dolor,
podemos medirlo en pasos,
en la cadencia
que arrastra huellas mudables que desearía se tornasen
pan y aceite.

Podemos medir el dolor al enumerar las sonatas que
sobrevuelan nuestra cabeza.

Aquejados de algo así como la pena,
apartamos plegarias
hacemos examen de conciencia y sacamos las manos del
fango
donde hemos ahogado nuestros murmullos.

30.

desde el interior
mecemos cenizas en las dunas, avanzan hacia el bosque
ese que
vacío —donde ningún pájaro
se posaba o escondía—
verdor de hebra, lirio tierno
que abraza
y las grietas, el azul turquesa o
la noche que abre bóveda y respira.

El aroma, habitación invadida,
se quiebra el árbol y la rama entra por la ventana,
fragmentar espacios
que mañana barrerá
el olor a liquen y tocar la casa y abrazar la espalda
que no es sombra y respira.

31.

memoria que dicta espacios a los que volver
tejedoras mientras, tejedoras durante
los equilibrios necesarios para hacer de la piel un temblor
    propio,
espacio dispuesto a la sorpresa

hasta ese momento, torpe,
ves
calle y casa vacías donde
rojizo es el color de la memoria,
donde el día queda atrás
se encarna en tibia brisa que no deja de crecer

32.

existió un manantial en la noche, brotaba
temblor de senderos
y el sabor del hambre que es mascar hojarasca.

existió un claro de bosque donde dejar la ropa
y el tedio,
con mis manos excavaba la tierra
y dejaba dentro mis dedos,
por la boca brotaban los tubérculos,
la náusea de mis días ahora se ausenta

33.

rueda la flor y rueda el ave,
envuelta en negro plumaje,
rueda por el brazo
y se detienen en mi palma:
una línea continua que marca un sonido
todo comienza y termina con el canto del pájaro
que va desde el olmo al naranjo.

me enseñaron que lo que no puede moverse, aprende a
    mirar
y yo me despierto
temprano,
de pie
miro como mi pelo es rama de abedul o sauce
y mi pecho
se eleva como tallo de,
como si fuese la primera vez, como

si en este día tan poco usual
camináramos hacia los restos de aquella casa
en mitad del olivar, en mitad
de algo que hemos decidido compartir, hermana,

envueltas
en la luz plateada que desprende la rama.

nacimos y me pregunto, y te pregunto a ti,
qué reivindicaremos
cuando no podamos seguir.

34.

suyos eran los pájaros, un clamor triste
que se repetía cada estación, cada discusión lingüística
que preparaban con la rabia de quienes saben que todo
tiene su día. Y su duración.

suyos eran los pájaros y el canto accidental,
latigazos en las cuerdas vocales mientras germinaban
    otros daños,
aplazados larga y duramente, comisuras en desapego.

suyos eran los pájaros y la herencia que venía asida a su
    costumbre.

La semilla, la mano, la tierra

(...)
La luz vence tinieblas
Por campiñas lejanas
El aire vuela pa nuevo
El pueblo se despereza
Ha llegado la mañana
(...)
Y en la montaña
Se oye un eco de gemido
El viento ha quebrado un junco
Que ya estaba florecido

fragmento de *Nuevo día*,
de LOLE Y MANUEL

el pueblo abraza un dolor, luego, la pausa

pero todo fue distinto, el verdor fue más cauto
quebrando el espanto e inaugurando
un nuevo tiempo de temblores

ni un trino auguraba la tarde, los senderos
que llevaban a la huerta ardían como vieja lumbre
y yo le preguntaba a padre si era cansancio o rencor
lo que dejaba los ojos distantes y carcomidos,
o sería *la falta de lluvia*, me dijo mientras su mano
rodeaba mi cuello, entonces, solo entonces,
dejé caer la semilla de mi mano

el perro ladraba, escarbando en aquellos surcos,
despojando la piel del terruño, buscando
    la compasión y yo
tirito mientras lo llamo, se acerca
y me lame las manos,
y no sé qué hacer con el eco desmedido que desciende de
    la sierra

aprieto los labios,
hundo mi mano en el estómago
para recuperar raíz y voz de un pueblo, germinadas

Obra de José Romero

Índice

Colección Lengua de agua · 8
1ª edición: abril de 2024

www.eolasediciones.es

Dirección editorial: Héctor Escobar
Coordinador de la colección: Víktor Gómez
Consejo editorial: Jordi Doce, Javier Gil, Laura Giordani,
Yaiza Martínez, Olga Muñoz, Benito del Pliego
Diseño e ilustración de cubierta: Nathalie Bellón Hallu
Mosaico fotográfico de primera y última páginas: Luci Romero
Maquetación: Alberto R. Torices

ISBN: 978-84-10057-37-1
Depósito Legal: LE 152-2024

Impreso en España